SOCIÉTÉ D'ETUDES DU LAOS ET DE L'ANNAM

RAPPORTS

DE

M. LE CAPITAINE GOSSELIN

ET DE

M. QUINTARET

PARIS
IMPRIMERIE P. MOUILLOT, 13, QUAI VOLTAIRE.

1901

SOCIÉTÉ D'ÉTUDES DU LAOS ET DE L'ANNAM

RAPPORTS

DE

M. LE CAPITAINE GOSSELIN

ET DE

M. QUINTARET

PARIS

IMPRIMERIE P. MOUILLOT, 13, QUAI VOLTAIRE

1901

RAPPORT DE M. LE CAPITAINE GOSSELIN

RAPPORT D'ENSEMBLE

Paris, le 15 Septembre 1901.

Le Capitaine Gosselin, Directeur de la Mission d'études du Laos et de l'Annam supérieur à Messieurs les Gérants de la Participation.

Paris.

PRÉLIMINAIRES

Messieurs,

Je vous ai, au cours de mon voyage, adressé six rapports dont je vous cite ici les dates, pour mémoire.

Rapport n° 1, Hanoï, 22 janvier.
Rapport n° 2, Vinh, 17 mars.
Rapport n° 3, Vinh, 17 mai.
Rapport n° 4, Vinh, 23 mai.
Rapport n° 5, Dong-Hoi, 8 juin.
Rapport n° 6, Tourane, 21 juin.

Je vous adresse aujourd'hui un rapport récapitulatif de la mission, remémorant largement les points dont je vous ai déjà entretenus, insistant, au contraire, sur divers sujets sur lesquels il me paraît utile d'appeler votre attention.

Je suis arrivé à Saïgon le 25 décembre 1900. Le gouverneur général était absent, en tournée à la frontière tonquino-chinoise, entre Lang-Son et Mon-Cay. Le bruit courait qu'il devait, aussitôt sa tournée terminée, descendre directement à Saïgon. Les journaux de la Cochinchine annonçaient sa venue ; on faisait des préparatifs au palais pour son arrivée, et le *Kersaint*, croiseur de la marine de guerre, qui est le yacht du gouverneur, se trouvait en station devant Mon-Cay, à la disposition de M. Doumer.

Je ne pouvais, dans ces conditions, qu'attendre à Saïgon l'arrivée de M. Doumer. Je profitai de mon séjour dans cette ville pour renouer les relations que j'avais jadis entretenues avec différents personnages des bureaux civil et militaire du gouvernement général. Je cherchai un interprète, et j'eus beaucoup de mal à en trouver un.

Sur ces entrefaites, M. Doumer change brusquement d'avis : il ne vient plus à Saïgon, il se rend à Hanoï, où on assure qu'il ne passera que quelques heures pour se diriger ensuite en congé vers la France.

M. Quintaret me rejoint à Saïgon le 14 janvier 1901. Nous prenons le paquebot quittant cette ville le 16. Après les escales habituelles, nous sommes le 18 à Tourane, et le 19 à Haïphong, d'où, par les Messageries fluviales du Tonkin, nous gagnons Hanoï le 20.

A mon passage à Tourane, j'avais vu M. Lombard, président de la Chambre de commerce de l'Annam, membre du Conseil supérieur de la colonie, planteur de thé, après avoir été gérant de la ferme d'opium. M. Lombard, qui est une de mes vieilles relations, est, en Indo-Chine, le meilleur ami personnel de M. Doumer, il me conseillait de ne pas monter au Tonkin et d'attendre à Tourane, m'assurant que le gouverneur, très fatigué de ses récentes tournées, devait venir s'installer pendant huit jours chez lui, et que le *Kersaint*, en quittant Mon-Cay, avait pour destination Tourane.

Je n'ai pas suivi les conseils de M. Lombard et mon inspiration a été bonne, puisque, en arrivant à Hanoï le 20, au matin, j'ai appris que M. Doumer devait y arriver le même jour, et qu'il en repartirait le 23, au soir, pour aller, sans s'arrêter, directement à Saïgon rejoindre le grand courrier de France.

Il s'agissait de voir le gouverneur, toujours si entouré, si assiégé, pendant ce temps très court qu'il devait passer à Hanoï.

Le 21, au matin, je remettais à M. Faure, chef de cabinet de M. Doumer, en mains propres, une note indiquant les motifs de mon voyage, la mission dont j'étais chargé, et le projet d'itinéraire que je m'étais fixé. Je demandais à voir le gouverneur, sans espérer réussir, étant donné le court laps de temps qui devait s'écouler avant son départ pour la France. Le même jour, à 3 heures, je recevais, cependant, une note indiquant que le gouverneur me recevrait à 5 heures.

Je me trouvai à l'heure dite, dans les antichambres de M. Doumer, au milieu d'un groupe d'une quarantaine de personnes, administrateurs et notabilités diverses de l'Indo-Chine.

De tout ce monde, le gouverneur ne reçut que trois personnes : le premier président de la Cour d'Appel, l'ingénieur en chef des chemins de fer et moi.

Son accueil fut plus que cordial ; après m'avoir dit plusieurs choses personnelles des plus aimables, il me demanda de lui exposer le but de ma mission, mon itinéraire, le temps présumé de mon séjour en Indo-Chine, puis il se mit à me parler de ses projets industriels et économiques, prit en mains une carte contenant les projets de chemins de fer, me dit qu'en présence de l'avenir certain du Laos, son but était de le relier, dans le plus court délai possible, par de bonnes routes d'abord, par deux chemins de fer ensuite, à la côte d'Annam.

Il m'encouragea beaucoup dans mon entreprise, me dit combien il serait personnellement heureux de voir des capitaux honnêtes contribuer au développement de la colonie. Puis, il me pria de donner à son chef de cabinet l'indication exacte de mon itinéraire, en m'assurant qu'il allait annoncer mon passage aux résidents supérieurs de l'Annam et du Laos, et à tous les chefs de provinces que je devais traverser, en leur prescrivant de me fournir partout l'appui de l'administration.

Je remis au chef de cabinet la note demandée et j'ai pu constater que M. Doumer avait bien tenu sa parole, que partout, le passage de la mission était annoncé, et que les ordres avaient bien été donnés dans le sens qu'il m'avait indiqué.

Nous quittâmes Hanoï le lendemain de cette visite au gouverneur, arrivâmes à Haïphong le 23, au matin, et le 24, nous nous embarquions sur le vapeur *Haïphong* qui emportait à Saïgon le gouverneur général et sa famille, le général en chef, et tout le haut personnel de l'Indo-Chine. Jusqu'à Tourane, où nous descendîmes, M. Doumer me renouvela, à plusieurs reprises, ses bons sentiments, me recherchant au milieu de nombreux groupes de personnes pour s'entretenir avec moi, et me souhaiter bonne réussite et bonne santé.

Notre séjour à Tourane dura du 26 janvier au 1er février ; nous achetâmes nos chevaux, nous recrutâmes notre personnel domestique, nous fîmes le triage des bagages qui devaient voyager avec nous, et de ceux que nous devions envoyer par mer ; nous organisâmes enfin notre départ par voie de terre.

Le 1er février, nous quittons Tourane, et nous arrivons à Hué le 6. Nous séjournons dans cette ville jusqu'au 22. Ce séjour, relativement prolongé à Hué, a besoin de quelques explications ; il est dû à trois causes principales :

1° Pluies continuelles pendant toute la durée de notre séjour ;
2° Mauvais état de la mer qui avait empêché la jonque apportant nos bagages de quitter Tourane ;
3° Fêtes du Tet *(nouvel an annamite)*, période pendant laquelle on ne peut recruter aucun coolie.

Notre temps à Hué ne fut pas perdu ; nous vîmes, à plusieurs reprises, M. Auvergne, résident supérieur de l'Annam, le personnel administratif qui l'entoure, et nous y fîmes la connaissance de deux mandarins d'un rang très élevé, dont une lettre particulière que je vous adresse en même temps que ce rapport, vous dira l'importance au point de vue de la réussite de notre affaire.

COMPTE RENDU DE L'EXPÉDITION

Le 22 février, nous quittons Hué et arrivons, le 27, à Dong-Hoi. Pendant ces cinq jours de route, nous avons traversé les provinces annamites de Thuâ-Tien et de Quang-Tri. Dans ces deux provinces, les habitants et les administrateurs m'ont signalé la présence de la liane caoutchouc, mais clairsemée, et très loin dans les montagnes. A vrai dire, ces régions n'ont encore été explorées par personne, les voies de communication, pour se rendre dans la région montagneuse, font défaut et nous n'avions pas le temps d'y aller faire des recherches, désireux que j'étais de me diriger sans plus de retard vers des régions que je connaissais.

Dong-Hoi est le chef-lieu de la province de Quang-Binh, qui est celle que je connais le mieux de toute l'Indo-Chine, y ayant jadis vécu pendant trente mois comme officier, et l'ayant, au cours de mes reconnaissances, parcourue en tous les sens.

Nous passâmes deux jours à Dong-Hoi, nous entendant avec le résident de la province au sujet de mes recherches. Quittant Dong-Hoi le 1er mars, nous arrivons le 3 au poste de milices de Minh-Cam, situé sur le haut fleuve Song-Giang.

Le 4, je pars en avant sur la route des montagnes, M. Quintaret devant me rejoindre le lendemain, avec M. Fonné, garde principal commandant le poste. Malheureusement, dans cette nuit du 4 au 5, M. Quintaret fut atteint d'un malaise très grave, ainsi que le constate la lettre ci-jointe que m'envoya M. Fonné ; il dut donc, au lieu de me rejoindre, attendre quelques jours à Minh-Cam, puis redescendre le fleuve pour regagner Vinh par la route mandarine. Je le rejoignis dans cette ville le 13 février.

Du 5 au 13 février, je parcourus toutes les forêts de la haute vallée du Song-Giang, visitant successivement les villages dénommés : Dong-Van, Dong-Ca, Quan-Hoa, Kim-Lu, Khe-Wet, Thanh-Tuoc, partout je constatai la présence, en quantités très considérables, de la liane caoutchouc, partout également j'appris que des gens venant du Ha-Tinh, province limitrophe du Quang-Binh dans laquelle est installée la Société Coqui, dont je vous ai entretenu dans mes rapports, venaient y récolter du caoutchouc.

Toute cette région a donc été demandée par moi en concession au nom de la Société, c'est la concession à laquelle nous avons donné le n° 1. J'avais, dès mon arrivée à Minh-Cam, adressé au résident du Dong-Hoi une demande de concession comprenant tout le Huyen de Tuyen-Hoa (sous-préfecture de Minh-Cam). A mon retour du Laos, au mois de juin, je visitai de nouveau cette concession, et, d'accord avec le résident, délimitai d'une façon plus précise les terrains dont je désirais voir la Société devenir concessionnaire.

Le Huyen de Tuyen-Hoa est administré par un mandarin annamite intelligent qui nous prêtera son concours.

Je dois ajouter que partout dans cette province de Quang-Binh, j'ai retrouvé des indigènes, mes anciens soldats, gradés ou non, du bataillon de chasseurs annamites et que bon nombre d'entre eux, dont j'ai pris les adresses, sont prêts à me servir, et seront pour nous des sous-ordres précieux le jour où nous entreprendrons l'exploitation de la contrée. Plusieurs même m'ont offert de m'accompagner au Laos. Je ne me suis engagé envers aucun d'entre eux, me contentant de leur dire que telle éventualité pourrait se produire sous peu, à la suite de laquelle j'aurais besoin d'eux et que je ferais alors, si besoin, appel à leur concours.

Les coolies de la montagne, qui se livrent dans cette région à la récolte du caoutchouc, le vendent à Minh-Cam au prix de 35 centimes le kilog. A Minh-Cam, le caoutchouc est ainsi acheté par un vieil Annamite, ancien chef de canton, qui le revend aux Chinois avec un bénéfice très considérable, de telle sorte, qu'après avoir passé par quatre ou cinq intermédiaires inutiles, ce même caoutchouc est acheté par la Société Coqui, à Vinh, au prix de 115 piastres le picul. La valeur de la piastre varie suivant les marchés de Shang-Hai et de Hong-Kong, de 2 fr. 50 à 2 fr. 65, et le picul est un poids fixe de 62 k. 400.

Nous avons fait séjour à Vinh du 13 au 22 mars, les éléphants, que nous avions demandés pour nous rendre au Laos, ne devant nous rejoindre à Ha-Trai, au pied des montagnes, que le 25 mars.

Du 22 mars au 2 avril, nous fîmes le chemin de Vinh à Pak-Hin-Boum sans nous arrêter en route, pressés d'arriver au Mékong, car le colonel Tournier, résident supérieur du Laos, prêt à partir pour une longue tournée sur la frontière chinoise, m'avait, ainsi que les télégrammes ci-joints en font foi, prévenu aimablement que, très désireux de me voir, il ajournait son départ jusqu'à mon arrivée.

Le 7 avril, je prenais seul, à Pak-Hin-Boum, le bateau à vapeur qui devait me conduire en quatre jours à Vien-Tiane.

Pendant ce temps, M. Quintaret devait aller faire, dans le Sud de la province Cam-Mon, en compagnie du commis du commissariat, une tournée dans une région que j'avais, à plusieurs reprises, parcourue lorsque j'administrais le Cam-Mon, et dans laquelle j'avais constaté la présence très abondante des lianes caoutchouc.

J'ai lieu d'être très satisfait du séjour que j'ai fait à Vien-Tiane chez le résident supérieur. Il m'a parlé de notre Société dans les mêmes termes que M. Doumer. Il m'a promis son appui complet pour notre entreprise, m'a indiqué lui-même les parties de territoire qu'il y avait intérêt pour nous à demander en concession le plus tôt possible, ajoutant, ce sont ses propres paroles : « ce sont là de véritables jardins de caoutchouc ». Ces régions, dont me parlait le résident supérieur, sont, en effet, demandées par nous, et portent les n°s 2 et 3 dans l'ordre de nos demandes de concessions.

Le colonel Tournier m'entretint longuement des voies de communication, des moyens de transport, c'est lui qui me conseilla, pour transporter le caoutchouc des concessions n°s 2 et 3 jusqu'à Ha-Trai, point d'embarquement sur bateaux, de me servir de mulets, et qui m'offrit même d'en faire acheter pour moi, ainsi que je vous l'ai dit dans mes rapports, à Luang-Prabang, aux mois de décembre et de janvier, au moment où les caravanes de Chine apportent leurs produits au Laos.

Pendant mon voyage à Vien-Tiane, M. Quintaret, comme je vous l'ai dit ci-dessus, faisait une tournée dans la haute vallée du Nan-Tôn (concession n° 2). Les résultats de cette tournée, qui a duré douze à quatorze jours, ont été très satisfaisants ; partout, comme je l'avais jadis constaté, la liane caoutchouc abonde. C'est dans cette même vallée du Nan-Tôn que les Sociétés rivales de la nôtre ont l'intention de demander des concessions.

Notre concession n° 3, que j'avais autrefois également parcourue pendant des séjours que je faisais, dans mes tournées d'administrateur, au poste de Na-Pé, a été, lors de notre retour en Annam, visitée par M. Quintaret. Cette concession, située en territoire Laotien, le long de la frontière annamite, au Sud de la route de Na-Pé à Ha-Trai, forme une bande de 100 kilomètres de longueur sur 30 de largeur, et touche, dans sa partie Sud, notre concession n° 2. C'est cette région que le résident supérieur du Laos qualifiait « de véritable jardin de caoutchouc ».

Aussi était-elle désirée par la Société *Le Comptoir Laotien* qui voulait demander en concession les territoires situés au Nord et au Sud de la route de Ha-Trai à Na-Pé. En présence de notre demande concernant la partie du Sud, j'ai appris, un peu avant de quitter l'Indo-Chine, que cette Société se bornait à demander la concession des territoires situés au Nord des nôtres.

Nous sommes partis du Mekong, de Pak-Hin-Boum, le 1er mai. Personnellement, je suis arrivé à Vinh le 14 mai. M. Quintaret n'y arriva que le 17, s'étant arrêté pendant trois jours pour visiter la concession à laquelle j'ai donné le n° 4, et qui, située en Annam, dans la province de Ha-Tinh, comprend la haute vallée du Ngang-Pho, autour de Ha-Trai.

Vous dire l'abondance des lianes dans cette concession serait répéter ce que je vous ai déjà dit des autres ; je me permets seulement de vous faire remarquer que cette concession est la mieux placée de toutes, aboutissant dans toute son étendue aux deux rives de la rivière qui conduit à Vinh, et qui est navigable en tout temps pour les sampans jusqu'à Ha-Trai.

Je tiens à vous répéter ce que je vous ai déjà dit dans mon rapport n° 3 : les concessions demandées en territoire annamite (1 et 4), nous seront moins rapidement accordées que celles demandées en territoire laotien (2 et 3). Le Laos est administré directement par les autorités françaises ; le résident supérieur, dont le concours nous est assuré, y est maître tout-puissant. Il en est autrement en Annam ; les demandes de concessions, après avoir été approuvées par le résident supérieur, sont, avant d'être soumises au gouverneur général, envoyées à la cour d'Annam, qui les fait examiner par le Conseil secret. Là, par tradition, ou par hostilité routinière à ce qui est nouveau, les choses traînent en longueur ; mais, là aussi, j'ai un excellent ami, grand mandarin, secrétaire général du Conseil secret, qui nous donnera un coup d'épaule au moment voulu.

Outre ces demandes de vastes territoires destinés à la récolte du caoutchouc, j'ai dû rechercher et demander des concessions d'emplacements réduits, un hectare environ par localité, afin d'y établir nos magasins, éventuellement nos écuries de mulets, et pour y installer nos agents. Ces emplacements sont situés à Ha-Trai, en Annam, à Na-Pé au Laos, à Pak-Hin-Boum également au Laos. Je n'ai pas demandé d'emplacement spécial pour les magasins de notre concession n° 1. La région que comprend cette concession est très peuplée, les villages y abondent, et nous n'aurons que l'embarras du choix pour y louer ou acheter une maison annamite.

Vous me direz que Pak-Hin-Boum n'est situé dans aucune de nos concessions, et vous pourrez, à ce titre, me demander le but d'une installation en ce point. Pak-Hin-Boum est le centre administratif de la province de Cam-Mon, au débouché de la route d'Annam au Mékong. Les représentants de la Société auront souvent besoin de s'y rendre à cause des relations forcées avec les autorités locales. D'autre part, à cause de l'affluence de Sociétés qui se dirigent sur le Laos, les emplacements dans Pak-Hin-Boum sont très recherchés et ne feront qu'augmenter de valeur. M. Ganesco nous en a réservé un des meilleurs, en bordure de la place du marché, tout près de la résidence. J'ai donc cru bien faire en le demandant, d'autant plus que j'avais en vue, ainsi que je vous en avais instruit dans le rapport n° 3, lorsque la Société sera bien installée dans le pays, d'y joindre certains autres commerces, tels que celui du bois de rose et des peaux, qui ne peuvent se faire que sur le Mékong, et qui trouveront, par la voie du fleuve, leur débouché assuré sur Saïgon.

Le 24, M. Quintaret me quittait à Vinh, sur une invitation particulière de la Société des parfums pour se rendre au Tonkin.

Il y fut, paraît-il, assez malade, et ne me rejoignit à Saïgon que le 3 juillet, avant-veille de notre embarquement, pour rentrer en France.

Je quittais personnellement Vinh le 29 mai ; je m'arrêtais trois jours à Ha-Tinh, chez le résident, afin de fixer, d'accord avec lui, les limites de notre concession n° 4.

Puis, je me rendis de nouveau à Minh-Cam, au centre de notre concession n° 1 ; j'y passai deux jours à parcourir les environs immédiats de Minh-Cam, et constatai que là, déjà, le caoutchouc existait en quantités considérables.

Je revins ensuite à Dong-Hoi où j'arrivai le 6 juin, et où je séjournai jusqu'au 8, délimitant ici, comme je l'avais fait à Ha-Tinh, avec le résident du Quang-Binh, les territoires demandés pour notre concession n° 1.

Le 8 juin, je quittais Dong-Hoi, et arrivais le 12 à Hué. Je revis dans cette capitale le résident supérieur de l'Annam et les mandarins que je devais, dans notre intérêt, mettre au courant du résultat de ma tournée.

Le 18, j'arrivais à Tourane, où je m'embarquais le 21 pour Saïgon. A Saïgon, je fis visite à M. Broni, directeur des affaires civiles, gouverneur général par intérim, pour le remercier, au nom de la Société, de l'appui que l'administration nous avait donné pendant notre tournée. Je vis, à trois reprises, M. Faure avec lequel je m'entretins longuement de notre affaire et qui voulut bien m'assurer qu'il y portait intérêt.

Je dois encore, avant de terminer, envisager la mission qui m'était confiée, et vous dire la façon dont j'ai pu m'en acquitter.

PROGRAMME DE LA MISSION

La mission consistait, si je ne me trompe, dans les points suivants :

1° Reconnaître les terrains les plus favorables à la récolte du caoutchouc ;

2° Délimiter les concessions à demander et s'entendre, à ce sujet, avec les autorités administratives ;

3° Récolter ou acheter le caoutchouc nécessaire à couvrir les frais de la mission.

Je ne parlerai pas des deux premiers points, pensant vous avoir donné satisfaction à leur sujet, et ne m'occuperai que du 3°, dont, croyez-le bien, je comprends toute l'importance.

J'avais, en effet, avant de quitter la France, assuré qu'il me serait facile de rapporter la quantité de caoutchouc nécessaire à couvrir les frais de la misssion.

J'en étais encore, à ce moment, au point où nous en étions dans le Cam-Mon, lorsque je l'avais quitté au commencement de 1898. A cette époque, aucun Européen, si ce n'est les fonctionnaires, n'avait encore mis les pieds au Laos ; personne n'y parlait de récolter le caoutchouc. J'avais, par hasard, découvert ce produit au cours d'une de mes tournées, et j'en avais fait apporter des échantillons que j'avais envoyés à mon chef administratif, le colonel Tournier, sans savoir au juste de quoi il s'agissait. J'avais payé 1 franc le kilogramme ce produit aux indigènes qui me l'avaient apporté, et les mandarins des villages m'avaient assuré qu'à ce prix on m'en apporterait autant que j'en voudrais.

Ce n'est qu'en arrivant à Paris, après avoir montré les échantillons que j'apportais à MM. Morellet, auxquels m'unissent des relations de famille, que j'en connus l'importance et la valeur.

J'ignorais absolument ce qui s'était passé au Laos depuis mon départ, et le seul renseignement que j'avais pu avoir, par un ami attaché à l'Office colonial, était qu'aucune concession n'avait encore été demandée par personne pour l'exploitation du caoutchouc. Ce dernier fait était vrai ; mais tout était bien changé quand je suis arrivé au Laos. Au lieu d'un pays vide, j'ai trouvé une contrée sur laquelle se sont précipités les Européens, au point qu'en si peu de temps le caoutchouc, vendu par les indigènes, avait atteint le chiffre fabuleux que je vous ai cité. Il devenait donc impossible d'acheter la quantité qui m'aurait été nécessaire.

Récolter moi-même, sans organisation préalable, sans installation à un endroit donné, en ne faisant que traverser le pays, offrait des difficultés aussi grandes. Jamais un Annamite ne s'engagera à quitter son travail, sa vie habituelle, pour une durée très limitée, ou pour un travail de quelques jours. De plus, la crainte du tigre, sans protection, aurait empêché les quelques travailleurs que j'aurais pu raccoler, d'entreprendre ce travail.

Une lettre de M. Fonné, que je mets à l'appui de ce rapport, vous le dira mieux que moi.

Quant aux Laotiens, je vous ai dit combien ils sont indolents et ennemis du travail. J'aurais peut-être pu, en temps normal, en avoir quelques-uns avec l'aide de l'administration.

Malheureusement, nous sommes tombés à un mauvais moment ; tous les coolies disponibles de la région montagneuse étaient employés par l'administration à la construction de la route d'Annam. Dans la plaine, le choléra sévissait et, suivant leur coutume en pareil cas, les habitants avaient évacué leurs villages pour se disperser en forêt. Les mandarins et les fonctionnaires seuls étaient restés à leurs postes, aux centres administratifs, à ce point que, sans l'intervention énergique de M. Ganesco, je n'aurais pu réunir les quelques bateliers nécessaire à notre départ de Pak-Hin-Boum pour rentrer en Annam.

Je crois donc qu'en examinant tous ces faits de sang-froid, on reconnaîtra que nous nous sommes heurtés à des obstacles qu'il ne m'avait pas été permis de prévoir à mon départ.

ÉTAT ACTUEL DE L'EXPLOITATION DU CAOUTCHOUC

Les principales Sociétés qui se livrent à la recherche du caoutchouc, sont :

La Laotienne, fondée et dirigée par M. Delineau ; *Le Comptoir français du Tonkin*, société par actions établie à Hanoï ; le *Comptoir Laotien*, société en formation ; enfin, la maison *Fesch et Hauff*, installée à Vien-Tiane.

Je vous répète ici, car je crois très utile d'insister sur ce point, que toutes ces Sociétés opèrent, de l'avis de tous, d'une façon absolument défectueuse.

Aucune d'elle n'a, jusqu'à présent, obtenu ni même demandé, une concession territoriale. Leurs agents se contentent, en restant dans leurs comptoirs, d'acheter le caoutchouc que les indigènes leur apportent. Aussi les prix se sont majorés dans des proportions incroyables. Dans le Cam-Mon, le picul de caoutchouc se paie 80 à 85 piastres et revient, après différents frais que je vous ai énumérés, au port d'embarquement, au prix de 90 à 95 piastres.

La Société Coqui, qui n'opère qu'en Annam et qui est installée à Vinh, opérant d'après les mêmes procédés, a payé, à certains moments, 125 et 127 piastres le picul de caoutchouc.

Cette façon d'opérer est actuellement condamnée par tout le monde ; de l'avis de tous, administrateurs de l'Annam et du Laos, agents des différentes Sociétés ; il n'y a qu'une seule façon lucrative d'agir, c'est de récolter soi-même, au moyen d'équipes bien commandées et bien surveillées, le caoutchouc dans les concessions que l'on a obtenues. Chaque Société entre dans cette voie, et commence à rechercher et à demander de vastes concessions. Sur ce point, nous avons eu la chance de devancer les Compagnies rivales ; nous sommes arrivés les premiers. Nos demandes auxquelles on donne, dans chaque résidence, un numéro d'ordre, sont les premières ayant pour objet la récolte du caoutchouc. Nous sommes donc certains que les périmètres, dont nous avons voulu nous assurer la jouissance, ne seront pas concédés à d'autres, sans que nous ayons été prévenus des demandes des postulants.

Je dois vous dire, bien qu'il me répugne fort à l'heure actuelle, de vous entretenir de choses presque personnelles, que le commissaire du gouvernement, administrateur de la province de Cam-Mon, mon successeur, est pour moi un ami très sûr. La

Société aura donc de lui un appui complet. M. Ganesco, c'est le nom de cet administrateur, obéira, en vous aidant, à deux sentiments : d'abord à la satisfaction très naturelle que doit éprouver tout chef de province à voir s'implanter chez lui une Société sérieuse, ensuite au plaisir très réel qu'il aura à m'être personnellement agréable.

PLAN D'ORGANISATION DE L'EXPLOITATION

Après avoir conféré longuement et à plusieurs reprises avec le résident supérieur du Laos, le commissaire du gouvernement de Cam-Mon, le Dr Quintaret, et, après avoir interrogé dans nos tournées et voyages les agents qui représentent les Sociétés actuellement existantes, il ressort manifestement que la seule façon d'opérer qui puisse donner des bénéfices considérables, est la suivante : Avoir de vastes concessions, et les exploiter soi-même au moyen d'équipes bien choisies et bien surveillées.

Le siège de la direction de notre Société devra forcément être établi à Vinh ; vous vous en rendrez compte en jetant les yeux sur la carte que je vous ai adressée. Vinh est le débouché naturel où doivent arriver tous les produits du Laos, une rivière navigable en toute saison reliant ce centre important à Ha-Trai d'où part la route de montagnes qui conduit au Cam-Mon.

Vinh est relié, d'autre part, à Haïphong par deux lignes de bateaux à vapeur,faisant chacune un service hebdomadaire ; en outre, le chemin de fer, qui doit réunir ces deux villes, est en construction, et l'ingénieur en chef avec lequel j'ai dîné, à la Résidence, m'a assuré que la ligne serait inaugurée et livrée au transport des voyageurs et des marchandises dès le commencement de 1904.

L'existence du chemin de fer ne diminuera pas les prix de transport de Vinh à Haïphong, mais elle facilitera les communications entre ces deux villes, et le commerce de l'une et de l'autre ne pourra qu'y gagner. Le frêt de Haïphong à Vinh est actuellement de 5 $ par tonne ; de Haïphong à Marseille, la tonne est transportée théoriquement au prix de 75 francs, mais chaque maison de commerce un peu importante prend des arrangements particuliers, soit avec la Compagnie des Messageries Maritimes, soit avec d'autres Compagnies moins importantes ; le prix de transport de la tonne ne dépasse jamais alors 50 francs.

On ne trouve actuellement, étant donné l'essor qu'a pris cette ville depuis ma dernière visite, en 1898, aucune maison à louer ou à acheter, il faudra donc y faire construire des habitations pour le personnel dirigeant. J'ai choisi, parmi les maisons habitées par les fonctionnaires, un modèle, en même temps très simple et suffisamment confortable, dont je vous remets ici les plans, et je me suis abouché avec le seul entrepreneur capable de construire une maison de ce genre. Je vous remets également les lettres que j'ai échangées à ce sujet avec cet entrepreneur.

L'emplacement de la maison était à choisir ; j'ai parcouru, en compagnie du résident, tous les endroits disponibles autour de Vinh, et je vous remets également le plan du terrain sur lequel notre choix s'est porté. Ce terrain devant, lorsque la demande en sera faite, être mis en adjudication, je vous remets le cahier des charges qui régle les adjudications en Annam.

Les bureaux de la Direction seront composés de trois secrétaires annamites, dont le premier touchera une solde de 40 $ par mois, les deux autres de 30 $ chacun par mois. Je ne vois pas la nécessité d'avoir dans ces bureaux un employé européen ; sa présence augmenterait considérablement les frais généraux, et j'estime que l'emploi des gens de notre race sera beaucoup plus utile pour la surveillance et la direction de nos ateliers actifs que dans un bureau.

C'est ainsi d'ailleurs qu'agissent le plus grand nombre des Sociétés installées en Indo-Chine. La surveillance des bureaux sera d'ailleurs assurée d'une façon permanente, puisque, à moins de cas de force majeure et exceptionnel, le directeur et l'ingénieur ne seront jamais appelés à se déplacer en même temps, la présence de l'un d'entre eux étant toujours nécessaire à Vinh.

PERSONNEL ACTIF

Les chefs de sections européens, chargés de la surveillance des équipes ou ateliers, de la répartition du travail, de l'emmagasinement, de l'emballage et de l'expédition sur Vinh du caoutchouc et autres produits accessoires, devront, à mon avis, au début de l'organisation des travaux, être au nombre de 1 par concession, c'est-à-dire 4 en tout.

La solde de ces agents devrait être de 150 $ par mois en Annam et de 200 $ au Laos.

Des offres m'ont été faites, par des Européens ayant toutes les qualités voulues, et qui accepteraient les conditions que nous sommes en état de leur offrir.

Dans les tableaux annexés au présent rapport, vous trouverez le détail des frais de premier établissement, et des frais généraux qu'occasionnera l'emploi de ces agents européens.

PERSONNEL INDIGÈNE SUR LES CONCESSIONS

La Société devra exploiter elle-même ses concessions au moyen d'équipes de travailleurs bien choisis et bien surveillés.

Le personnel indigène, garde-magasins, cais, chefs d'équipes et coolies annamites et laotiens, sera d'un recrutement facile. Des offres nombreuses m'ont déjà été faites par de nombreux annamites, anciens sous-officiers et soldats du bataillon de chasseurs annamites dans lequel j'ai servi jadis pendant trois ans. Les coolies laotiens me seront fournis par les mandarins de la province de Cam-Mon, dans laquelle j'ai précédé comme administrateur M. Ganesco, commissaire du gouvernement actuel.

M. Ganesco, qui est pour moi, je crois vous l'avoir déjà dit, un excellent ami, s'est engagé également à m'aider de tous les moyens administratifs à sa disposition.

Chaque équipe devra être organisée comme suit :

1 cai annamite (cai signifie caporal).

20 coolies annamites et laotiens.

La solde du cai sera de 10 piastres par mois en Annam et de 15 piastres par mois au Laos ; il se nourrit à ses frais ; on doit lui donner pour stimuler son zèle un petit intérêt sur la production de son atelier.

Les coolies annamites doivent recevoir une solde de 6 $ par mois au Laos et de 4 $ en Annam. Ils se nourrissent eux-mêmes.

Les coolies laotiens se paient 15 cents par jour. Ils se nourrissent égalcment eux-mêmes.

Un groupe de plusieurs de ces ateliers devra avoir à sa tête, comme surveillant, un chef de section européen. Chaque chef de section aura une solde de 100 $ par mois en Annam, 150 $ par mois au Laos, plus, dans les deux cas, un intérêt à débattre.

Chaque maison construite pour Européen coûtera de 250 à 300 $. Auprès de chaque Européen, nous devrons avoir un annamite garde-magasins qui surveillera l'habitation pendant les absences du chef de section ; nous lui donnerons 20 $ par mois au Laos et 15 $ par mois en Annam.

CRÉATION D'UNE MILICE

Reste une question importante, celle de la protection de nos travailleurs et de la surveillance des zones qui nous seront concédées.

Un décret de 1897, prévoyant l'organisation de grandes Compagnies coloniales, nous permet d'assurer ces deux résultats. Ce décret autorise les Sociétés à recruter, à entretenir et à armer une milice, à la seule condition que cette milice ne porte pas l'uniforme des milices de l'administration.

Quand je parle de protection à assurer aux travailleurs, je ne veux pas parler de les protéger contre les habitants ; le pays est absolument calme, et sera toujours tranquille.

Certaine presse a fait grand bruit, ces temps derniers, d'incidents qui se sont passés dans le bas Laos, dans la région d'Attopen, à plus de 800 kilomètres de distance de nos concessions. Ces faits ont été dénaturés et grossis d'une façon scandaleuse. Tout cela n'est que le résultat, et un épisode nouveau d'une campagne menée depuis longtemps par quelqu'un que je connais, contre le colonel Tournier, résident supérieur du Laos. Heureusement, à tous les points de vue et spécialement pour nos intérêts, ceux qui attaquent M. Tournier n'auront pas gain de cause. M. Tournier jouit, très justement, de la confiance complète de M. Doumer qui lui a assuré que personne ne toucherait à lui tant qu'il serait lui-même à la tête de l'Indo-Chine. Or, si j'en crois ce que m'a dit, à mon dernier passage à Saïgon, M. Faure, commissaire de la Marine, chef du cabinet de M. Doumer, voici quelles seraient les intentions du gouverneur général : Il doit se faire élire député au mois de mai 1902, mais il se fera maintenir en mission comme gouverneur général, suivant le précédent employé par M. Rousseau, et plus anciennement par M. Constans. L'exposition de Hanoï s'ouvre au mois d'octobre 1902 pour prendre fin en avril 1903, et M. Doumer, qui y attache une très grande importance, tient, paraît-il, beaucoup à y présider jusqu'à sa fermeture.

Je disais donc que ce n'était pas contre les habitants qu'il y avait lieu de protéger nos travailleurs. Malheureusement, le tigre abonde dans presque toutes les régions dont nous demandons la concession, et ce n'est pas un tigre de peu d'importance ; c'est le grand tigre mangeur d'hommes désigné sous le nom de tigre royal. Pour vous donner une idée des ravages qu'exerce ce terrible animal, je vous citerai un extrait d'une Notice officielle publiée par le résident de la province de Quang-Binh, et dans laquelle il raconte que, dans la seule année 1897, le tigre a dévoré dans la province plus de 1.700 personnes, et, ajoute l'administrateur, ce chiffre doit être au-dessous de la vérité, étant donné le peu de souci que procure à un mandarin annamite la disparition d'un de ses administrés.

Mais là où le travailleur annamite hésitera à se risquer sans armes, il ira avec le plus grand sang-froid lorsqu'il se saura protégé par une arme à feu sérieuse.

Le moyen le plus simple, pour obéir à la clause du décret relatif à l'uniforme, est, je crois, de ne pas donner d'uniforme du tout à notre milice éventuelle, en se contentant d'un insigne quelconque qui la distingue des coolies ordinaires, par exemple une simple plaque semblable à celle de nos gardes champêtres. Cette milice, d'ailleurs, telle que je le la comprends, ne serait autre chose qu'un petit corps de gardes forestiers, composé au début d'une dizaine d'hommes, tous Annamites et commandés par un ancien dôi (dôi signifie sergent) de nos troupes indigènes, que je me charge facilement de très bien choisir. La solde donnée à ces gardes forestiers sera celle dont jouit la milice. Je crois qu'en faisant appuyer ma demande par quelqu'un d'autorisé auprès du gouverenur général de l'Indo-Chine, M. Doumer nous accordera facilement le prêt des quelques fusils nécessaires, et la cession, à titre remboursable, des munitions indispensables.

Le résident de Vinh m'a dit que la Société *La Laotienne* a été autorisée à recruter et à armer trente miliciens. Cette Société ne l'a d'ailleurs pas encore fait, puisqu'elle n'a pas encore demandé de concession.

TRANSPORT PAR TERRE

La seule difficulté de transport qui existe à l'heure actuelle pour les produits venant du Laos en Annam, est la traversée de la chaîne de montagne qui sépare les deux pays.

Le col par lequel on traverse ces montagnes est à une altitude de plus de 1.000 mètres. Tout récemment encore, le seul moyen de transport était l'usage des éléphants du Laos ; il fallait alors recourir à la voie administrative qui seule pouvait en procurer aux voyageurs.

Aujourd'hui, les choses sont bien modifiées ; une route muletière à laquelle, depuis une année, on travaille sans arrêt, du côté de l'Annam et du côté du Laos, permet aux voyageurs d'aller de Na-Pé (Laos) à Ha-Trai (Annam) en neuf heures de route seulement.

Dans ces conditions, il y a lieu d'abandonner le transport par éléphants, toujours assez coûteux, car ces animaux vont lentement et ne portent qu'une faible charge.

J'avais pensé alors à me servir de coolies, mode de transport généralement employé dans toute l'Indo-Chine, lorsque, pendant mon séjour à Vien-Tiane, le colonel Tournier, résident supérieur du Laos, m'a conseillé d'utiliser le mulet dont il se sert depuis trois années, lui-même, pour transporter ses bagages dans ses nombreux et toujours très longs déplacements.

Le mulet, chacun le sait, est très sobre, très endurant, peut porter une charge de 100 à 120 kilogrammes ; de plus, l'expérience prouve qu'il échappe beaucoup plus facilement aux épizooties que les bœufs et les buffles ; il en est d'ailleurs de même en Indo-Chine du cheval que l'on ne voit jamais atteint de cette maladie. Les mulets du Haut-Laos sont de grande taille et très vigoureux. Le colonel, qui utilise les dix mêmes animaux depuis trois ans et qui, menant une vie très active, ne laisse guère de repos à ces animaux, en a constamment été satisfait.

Il m'a offert, si mes propositions à ce sujet étaient acceptées à Paris, de me faire acheter lui-même à Luang-Prabang, vers le mois de décembre, au moment où les caravanes de Chine arrivent dans cette région, les mulets qui me seraient nécessaires au prix de 80 à 90 $ par animal.

J'estime qu'au début, dix mulets pourraient me suffire ; cinq conducteurs ou muletiers annamites seront chargés de leur conduite et des soins à leur donner. En effet, en Chine, en Birmanie, dans le Haut-Laos, comme en Algérie, les mulets sont toujours mis en route par groupe de deux, celui qui est en arrière attaché par une chaînette au bât de celui qui est en avant.

Dans le prix de 80 à 90 $ par mulet, le prix des bâts est compris, et il paraît beaucoup plus avantageux de laisser porter à nos animaux le bât auquel ils sont habitués, plutôt que de leur en imposer un qui pourrait les blesser, tout en étant de modèle plus perfectionné.

COMMERCES ACCESSOIRES

Ainsi que je vous le disais dans mon rapport n° 3, notre Société, une fois bien installée dans le pays, notre affaire de caoutchouc donnant de bons résultats, pourra se livrer a des commerces accessoires qui donneront de beaux bénéfices sans aucune augmentation de dépenses.

Les peaux de buffles, qui abondent dans toute la vallée du Mékong, s'achètent sur place 7 $ le picul.

Le droit de sortie est de 1 $ par picul. Les frais de transport de Pak-Hin-Boum à Saïgon sont de 2 $ 92.

A Saïgon, chaque picul est acheté 17 à 18 piastres.

Le bénéfice net par picul est donc de 6 à 7 piastres.

Pendant mon séjour à Pak-Hin-Boum, un seul Européen en a acheté 200 piculs.

J'estime que, dès la première année, on pourra ramasser 1.200 piculs de peaux et ce chiffre s'élèvera, la seconde année, à 2.000 piculs.

Les peaux de buffles ne sont pas les seules que l'on puisse acheter au Laos pour les revendre avec bénéfice certain à Saïgon.

Je vous citerai :

1° Les peaux de bœufs qui se vendent sur le Mékong au prix de 25 à 26 $ le picul.

Le droit de sortie est de 1 $ 50 par picul.

Le frêt de Pak-Hin-Boum à Saïgon, par les bateaux des Messageries fluviales du Mékong, est de 2 $ 92 par picul.

Le prix de vente à Saïgon est est de 25 à 26 piastres.

Le bénéfice par picul est donc de 4 $ 50 à 5 $.

2° Les peaux de chevreuils s'achètent, se transportent et se vendent aux mêmes prix que les peaux de bœufs.

3° Les peaux de cerfs s'achètent 17 $ le picul sur le Mékong.

Le droit de sortie est de 1 $ par picul.

Le frêt de 2 $ 92 par picul.

Le prix de vente à Saïgon n'est de 25 à 26 piastres.

4° Les porcs, venant du Laos, se vendent sur les marchés de l'Annam le double du prix qu'ils ont été achetés.

Le droit de sortie par porc est de 0 $ 80.

Le chef du poste de Na-Pé a perçu, pendant le cours de l'année 1900, des droits de sortie pour 8.000 porcs.

Si notre agent du Na-Pé est, comme j'ai tout lieu de l'espérer, un homme soucieux des intérêts de la Société, et désireux en même temps d'augmenter ses bénéfices réguliers, il lui sera facile d'installer, près de son poste et à très peu de frais, une porcherie qui s'accroîtra d'année en année. La seule dépense indispensable sera, pour entourer la porcherie, une haute et forte palissade, le tigre étant très abondant dans cette région.

Le bois de rose, dont vous me parlez dans votre télégramme du 11 mai, abonde d'une façon étonnante sur toute la rive française du Mékong. Il existe aussi en grande quantité en Annam. Celui de l'Annam est préférable au point de vue de l'ébénisterie. Nous estimons que celui provenant du Laos a la même valeur au point de vue de la parfumerie. L'autre jour, à Pak-Hin-Boum, le commissaire du gouvernement m'a fait visiter une nouvelle route qu'on est en train de percer. On avait mis le feu à tous les gros arbres qui gênaient la circulation. Le plus grand nombre d'entre eux étaient du bois de rose, et l'air était parfumé de leur combustion. Je vous en rapporte un échantillon.

Le santal n'a pas été reconnu par nous au Laos, mais il existe en quantité considérable en Annam, notamment dans les montagnes du Sud de la province de Quang-Binh. Je vous en rapporte également des échantillons.

RENSEIGNEMENTS

Sur les Concessions demandées au Laos et en Annam

GÉNÉRALITÉS SUR LES CONCESSIONS EN ANNAM ET AU LAOS

Les concessions demandées en Annam et au Laos ont été numérotées dans l'ordre où elles ont été visitées par nous. C'est ainsi que les concessions d'Annam portent les n°s 1 et 4, tandis que celles du Laos portent les n°s 2 et 3.

Toutes ces concessions sont très bien placées au point de vue des voies de communication ; trois d'entre elles, les n°s 2 3 et 4, communiquent avec le port de Vinh, par de bons sentiers muletiers d'abord, ensuite par une rivière navigable à toute époque de l'année.

Ces quatre concessions se touchent, entre elles, et forment une immense superficie de plus de 500.000 hectares.

Les concessions n°s 1 et 4, placées en Annam, sont, par conséquent, à l'Ouest de la chaîne de montagnes qui forme la frontière de l'Annam et du Laos, tandis que les concessions n°s 3 et 4, situées au Laos, sont à l'Est de cette même chaîne.

Cette chaîne de montagnes, dont la ligne de faîte n'a pas une altitude supérieure de 800 à 1.000 mètres, forme cependant une véritable frontière climatérique.

En Annam, la saison des pluies règne pendant la mousson du Nord-Est, d'octobre à avril ; c'est le contraire au Laos, où les pluies sont amenées par la mousson du Sud-Ouest, d avril en octobre. Les moussons sont, en effet, des vents très réguliers, régnant dans toutes les régions équatoriales et changeant de sens à des époques absolument fixes. C'est au moment du changement de mousson, lorsque les vents du Nord-Est luttent contre ceux du Sud-Ouest, qu'ont lieu les typhons qui causent tant de désastres sur les côtes d'Annam.

Toute la vaste région occupée par nos concessions est entièrement forestière et montagneuse. Ce n'est, en effet, que sur les flancs des montagnes ou collines que l'on trouve la forêt vierge, et les lianes à caoutchouc. Sitôt que l'on descend dans la plaine, on trouve, en Annam, les villages et tous les terrains mis en culture ; au Laos, la forêt clairière, qui ne produit que le triste arbre dénommé faux teck, et qui ne sert qu'à produire une huile de qualité médiocre.

Sur le versant annamite, la population est exclusivement annamite, et nous fournira très facilement de bons travailleurs.

Sur le versant laotien, nous trouvons, mélangée aux Laotiens, une population émigrée récemment d'Annam, fuyant les temps troublés qui ont agité ce pays pendant les vingt dernières années, population très pauvre et très travailleuse qui, elle aussi, nous donnera des coolies de très bonne qualité.

J'ignore quelles seront les conclusions du rapport que vous fournira M. Quintaret sur le mode de récolte à employer pour le caoutchouc. Deux modes sont en présence : Le premier consiste à faire une incision par un coup de coupe-coupe donné en biais au bas de la liane, et à placer sous cette incision un récipient de bambou attaché par une ficelle végétale. Le latex coule lui-même dans ce récipient et se coagule à l'air libre. Les travailleurs n'ont qu'à passer quelques jours après l'opération pour récolter le caoutchouc.

Cette façon d'opérer présente plusieurs avantages :

1° Rapidité de récolte ; une faible équipe suffisant pour récolter le caoutchouc sur une grande surface de terrain.

2° En ne détruisant pas la liane, on s'assure, pour la saison suivante, une nouvelle récolte, et on échappe à l'obligation, imposée à juste titre par l'administration, de repiquer des lianes pour compenser celles que l'on a détruites.

La seconde méthode consiste à couper la liane, et à en faire sortir le latex en l'exposant, dans la forêt même, à un feu de bois. Il semble que, de cette façon, on obtient plus de caoutchouc que par la première méthode, mais on détruit la liane, la récolte ne se fait pas aussi naturellement, ni aussi simplement, et enfin, le caoutchouc ainsi produit n'est pas d'aussi bonne qualité.

Je citerai, à l'appui de ma préférence pour la première méthode, un extrait de l'appréciation de MM. Morellet frères, les grands négociants en caoutchouc bien connus à Paris. Cette appréciation m'a été donnée par eux à propos des échantillons que j'avais, en 1898, rapporté de mon premier voyage au Laos.

« Les échantillons qui nous ont été soumis ont été coagulés naturellement, ce qui paraît être le meilleur procédé, car le latex, dans ces conditions, n'est pas détérioré par les produits chimiques qui sont employés d'habitude pour obtenir une coagulation rapide.

« Dans telle contrée, on emploie le jus de citron ou l'acide sulfurique dilué (Madagascar) ; dans telle autre, on emploie le sel marin (Bornéo et la rivière de Cazamance) ; dans telle autre encore, on fait usage de l'alun (Pernambuco). Mais, comme nous l'avons dit, rien ne vaut la coagulation naturelle, car les substances employées pour hâter la coagulation ne donnent pas, bien au contraire, de la qualité au produit. »

« *Nous conseillons surtout de ne pas employer le feu de bois vert*, ou de noix oléagineuses, comme cela se fait au Brésil pour le latex de l'Hévea, connu généralement sous le nom de caoutchouc du Para. *La chaleur du feu ne pourrait, à notre avis, que détériorer le produit*, bien loin de lui donner de la qualité. *Le meilleur procédé de récolte serait donc, suivant nous, celui qui a été employé pour les échantillons qui nous ont été soumis.* »

« Il faudrait, après avoir recueilli le suc de la liane, procéder à la coagulation en divisant par petites masses le produit de la cueillette et en les abandonnant à elles-mêmes jusqu'à ce que la coagulation soit assez avancée pour permettre l'emballage. Une grande suveillance doit être exercée à ce moment, car il faut éviter avec soin de laisser les indigènes mêler au latex, soit par fraude, soit par négligence, de la terre ou des pierres. La terre, en effet, a le pouvoir de produire sur le caoutchouc brut une action destructive qui ressemble à une oxydation. Les caoutchoucs mélangés à de la terre deviennent très facilement visqueux et perdent leur élasticité ; leur nettoyage devient très difficile et, par suite, le prix de vente devient beaucoup moindre. »

Tel est l'extrait du rapport de MM. Morellet qui se trouve complètement d'accord avec ma façon d'envisager les choses.

Les gérants qui dirigent notre Société devront aussi étudier la question de savoir s'il y aurait intérêt à traiter le caoutchouc sur place, dans une petite usine installée à Vinh, de façon à n'expédier en France que des produits absolument purs, que ne pourraient altérer ni le voyage, ni la chaleur, ni l'humidité.

Cette installation devra dépendre évidemment des ressources dont disposera la Société.

Je vous rappelle néanmoins que c'est le procédé que nous avait recommandé M. Michelin, lors de l'entretien que, M. Waternau et moi, avons eu avec lui, au moment de mon départ.

Je joins à ces généralités sur nos concessions quelques renseignements concernant chacune d'entre elles.

RENSEIGNEMENTS SUR LA CONCESSION N° 1 EN ANNAM

La concession n° 1 est située en Annam, dans la province de Quang-Binh, Huyen de Tuyen-Hoa, dont le centre administratif est à Minh-Cam. Le Huyen annamite correspond à notre sous-préfecture de France.

La concession entière est traversée par le haut fleuve Song-Giang, un des plus grands de l'Annam, navigable en toutes saisons, pour les pirogues et radeaux jusqu'à Minh-Cam, pour les plus grands sampans, de Minh-Cam à la mer.

La concession demandée occupe les ramifications de la chaîne qui sépare le Laos de l'Annam. La région est traversée par de nombreux chemins et comprend de nombreux villages habités exclusivement par des Annamites de race pure.

Cette population est travailleuse, mais pauvre, comme il en est dans toute la région montagneuse. Point de plaines, par suite point de rizières ; quelques champs de maïs et de patates qui aident les habitants à vivre, conjointemnet avec le commerce du rotin et des bambous qu'ils amènent par radeaux aux marchés du bas fleuve.

Quelques-uns d'entre eux commencent, ainsi que je l'ai dit, à récolter le caoutchouc qu'ils vendent à Minh-Cam au prix de 35 centimes le kilog.

Cette population sera heureuse, lorsqu'un représentant de la Société sera installé dans la concession, de trouver une occupation sérieuse et de longue haleine en s'employant pour nous.

La protection de nos gardes forestiers sera là indispensable, car le tigre abonde dans toute cette haute vallée, mais en disparaîtra rapidement lorsqu'une exploitation régulière sera entreprise.

En 1888, au moment de l'insurrection, lorsque les colonnes parcouraient le pays, il y avait bien du tigre, mais à l'état d'exception. A l'heure actuelle, il abonde. Il est vrai que nous défendons aux Annamites, par mesure de sécurité, de posséder des armes à feu ; ils n'ont donc aucun moyen pour se mettre à l'abri des attaques de ce terrible animal.

Au centre de la concession, au village de Kim-Lu, est installée une mission catholique, dirigée par un prêtre des missions étrangères. Ce missionnaire m'a dit combien il serait heureux de nous fournir des travailleurs recrutés parmi ses catholiques.

La ligne de chemin de fer, qui doit relier Hué à Hanoï, et dont les travaux doivent, m'a assuré M. Doumer, commencer en 1903, traverse toute la concession, avec deux stations, l'une à Minh-Cam, l'autre à Khé-Net.

J'ai parcouru toute cette concession, visitant successivement les points dénommés : *Minh-Cam*, *Dong-Van*, *Quan-Hoa*, *Dong-Lao*, *Dong-Ta*, *Ba-Tam*, *Kim-Lu*, *Khé-Net*, *Da-Nen*, *Thanh-Lang*, *Thanh-Tuôi*, *Thanh-Oc*. Partout j'ai constaté, en grandes quantités, la présence des lianes caoutchouc. C'est le caoutchouc qui, dans nos échantillons, est dénommé « provenant de la région de Qui-Dat ».

Les débouchés vers la mer sont assurés par le fleuve, mais le fleuve, aboutissant au port de Q.-Khé, le transport de ce port, au port de Vinh, serait provisoirement assez coûteux, au moins tant que nous n'aurions pas installé, au moyen de deux ou trois jonques, un service de cabotage nous appartenant.

Il y aura donc intérêt, au moins pendant la première année d'exploitation, à transporter nos produits vers le Ha-Tinh par le col de Khé-Net à Bai-Duc.

A partir de Bai-Duc, la rivière Ngan-Pho est navigable et conduit à Vinh en deux jours et deux nuits.

La route de Khé-Net à Bai-Duc, qui n'était qu'un mauvais sentier de montagne lorsque j'y suis passé, au mois de mars, était en pleine construction, lorsque je suis revenu dans la concession, au mois de juin. Elle est assurément terminée à l'heure actuelle.

Ce débouché vers Bai-Duc ne m'était pas venu à la pensée dès l'abord. C'est pour cela que je vous avais dit que cette concession était celle à laquelle j'attachais le moins d'importance.

Par cette voie de Bai-Duc, pas besoin de mulets ; le col est très doux à franchir, et nos équipes de travailleurs suffiront pour transporter le caoutchouc jusqu'au Ngan-Pho.

Je vous ai dit que je n'avais pas, dans cette concession semée de villages, demandé de concession spéciale pour y installer notre représentant. Il suffira au moins au début de louer, pour quelques piastres par mois, une maison annamite. L'endroit le mieux choisi paraît être le village de Kim-Lu. C'est donc dans ce village que je vous proposerai d'installer le centre de la concession.

RENSEIGNEMENTS SUR LA CONCESSION N° 2 AU LAOS

La concession n° 2 est située au Laos, dans la province de Cam-Mon, dont le centre administratif est à Pak-Hin-Boum, sur le Mékong. Elle comprend toute la haute vallée du Nam-Tön ou Nam-Ka-Dinh, ainsi que les vallées de ses affluents de droite. Elle se confond, aux sources de ces affluents, avec notre grande concession n° 3.

Cette concession, que j'avais visitée en 1897 et 1898, a été parcourue, pendant la mission, par M. Quintaret, qui vous en dira l'importance. Partout le caoutchouc abonde.

Au point de vue indigène, le territoire que comprend la concession dépend du Chau-Muong de Mahasay. (Le Chau-Muong est le gouverneur héréditaire d'une province Laotienne.) Le mandarin qui est à la tête de cette province, en ce moment, m'est attaché, et me doit de la reconnaissance.

Sur toute l'étendue de cette concession, deux à trois hameaux au plus. C'est la forêt continuelle sans aucune interruption.

La rivière Nam-Tin n'est pas navigable dans son parcours de la concession.

Le caoutchouc devra donc être apporté, à dos d'homme, par la route qui suit la rivière, jusqu'à notre entrepôt de Na-Pé, dont je vous parlerai au sujet de la concession n° 3.

Les travailleurs seront recrutés parmi les populations annamites installées aux environs du Muong de Cam-Mon.

Notre représentant devra être installé sur la rivière Nam-Tin, à un point encore indéterminé.

RENSEIGNEMENTS SUR LA CONCESSION N° 3 AU LAOS

La concession n° 3, ainsi que celle qui porte le n° 2, est située tout entière dans la province de Cam-Mon, au Laos.

Elle longe, au Sud de la route d'Annam au Laos, la frontière des deux pays, sur une longueur de 100 kilomètres, et sur une largeur de 30 ; elle se confond, dans sa partie Sud, avec la concession n° 2 aux sources des affluents de droite du Nam-Ton ; c'est suivant l'expression du résident supérieur du Laos, « un vrai jardin de caoutchouc. »

Cette concession était convoitée par d'autres sociétés ; heureusement nous sommes arrivés assez à temps pour être les premiers à la demander.

J'ai, à l'époque ou j'administrais la province de Cam-Mon, traversé cette concession par les trois routes qui la parcourent, conduisant du Laos en Annam. Partout j'avais constaté la présence des lianes caoutchouc.

Je n'ai vu, cette fois, que la partie longeant la route de Ha-Trai à Na-Pé. M. Quintaret s'est enfoncé un peu dans la forêt. Il était inutile d'en faire plus.

Cette concession est adossée au Nord à notre concession n° 4, au Sud à notre concession n° 1, au milieu, à la concession de M. Coqui.

Les débouchés sont assurés, pour la partie Nord, par la route de Na-Pé à Ha-Trai et par la rivière Ngan-Pho ; pour la partie Sud, par notre concession n° 1.

Les habitants de cette concession sont mélangés de Laotiens et de Phu-Thuings. Les Phu-Thuings, seuls travailleurs, sont des émigrés venus d'Annam au commencement du règne de Tu-Duc vers 1844, ils sont vigoureux, intelligents et travailleurs mais très clairsemés. Il nous faudra donc amener dans cette concession, des travailleurs recrutés en Annam, dans nos concessions 1 et 4.

Le représentant de la Société dans cette concession aura son domicile à Na-Pé point ou est situé un poste de milice et au près duquel j'ai demandé une concession d'un hectare pour y installer des magasins et des écuries. Na-Pé sera en effet votre grand entrepôt du Laos. C'est là que les mulets prendront vos marchandises pour les apporter en Annam, à Ha-Trai, point où la rivière Ngan-Pho, qui conduit à Vinh, devient navigable.

La route de Na-Pé à Ha-Trai s'améliore tous les jours. On peut en ce moment, la parcourir à cheval, tandis que, quand nous y sommes passés au mois de mars, il fallait se servir encore d'éléphants.

On va de Ha-Trai à Na-Pé, ou inversement, en un jour. Au sommet du col est installée une bonne sola où l'on peut se reposer au milieu du jour. La sola est au Laos ce qu'est le tram en Annam, un lieu de repos pour les voyageurs.

C'est évidemment, étant admis que nous aurons obtenu nos concessions au Laos avant celle d'Annam par cette concession n° 3 que nous devrons commencer notre exploitation.

De Na-Pé, les marchandises arriveront à Ha-Trai, où nous devrons avoir aussi un magasin. A Ha-Trai est installé un poste de milice, près duquel j'ai, comme à Na-Pé, demandé une concession d'un hectare pour y établir ce magasin, et y installer le représentant de la Société qui aura la direction de la concession n° 4, et sera en même temps transitaire pour les produits venant du Laos à dos de mulet. C'est à ces deux points de Na-Pé et Ha-Trai que nous devrons placer nos agents les plus actifs.

RENSEIGNEMENTS SUR LA CONCESSION N° 4 EN ANNAM

La concession n° 4 est situé dans la province de Ha-Tinh, en Annam. La province de Ha Tinh est administrée en ce moment par un résident de 2e classe, le capitaine Sandré, dont la résidence est à Ha-Tinh même, sur la route mandarine de l'Annam au Sud de Vinh.

Cette concession est la mieux placée au point de vue des débouchés, puisqu'elle est placée sur les deux rives de la rivière Ngan-Pho, et que la grande route d'Annam au Laos la traverse entièrement. Le caoutchouc y abonde. C'est dans cette région que j'ai pour la première fois, découvert le précieux produit au milieu de 1897. Je ne me doutais pas, à ce moment, du mouvement que cette découverte allait amener en Indo-Chine.

A la limite de la concession est situé le poste de Ha-Trai, dont je vous ai parlé en vous donnant des détails sur la concession n° 3.

M. Quintaret a visité cette concession et vous dira la qualité des produits qu'elle renferme.

Ces terrains étaient convoités par deux autres sociétés ; nous avons eu, je vous l'ai dit, la bonne fortune d'arriver les premiers. A deux mois près, tout cela nous échappait, et tombait entre les mains de nos concurrents.

M. Sandré, qui est pour moi un ami sûr, m'a promis son appui sérieux pour tout ce que nous entreprendrons dans cette région et pour hâter les solutions demandées.

Le pays étant très peu peuplé, les travailleurs seront recrutés parmi les nombreuses populations annamites situées un peu plus bas sur la rivière Ngan-Pho.

RAPPORT DE M. GUSTAVE QUINTARET

LICENCIÉ ÈS-SCIENCE

PRÉPARATEUR A LA FACULTÉ DES SCIENCES DE MARSEILLE

Sur la Localisation géographique, l'Exploitation la Culture et le Rendement des Lianes à Caoutchouc en Annam et au Laos

Paris, le 15 septembre 1901.

A Messieurs les Gérants de la Participation de la « Société d'Études du Laos et de l'Annam »

Messieurs,

Permettez-moi, avant d'aborder la question de l'étude scientifique et industrielle des produits forestiers du Laos et de l'Annam, de venir remercier Messieurs les gérants de la participation de la Société d'Etudes, de l'honneur qu'ils m'ont fait en me chargeant de la partie technique de cette mission.

Dans notre expédition, parmi les produits forestiers, il en est un, qui, par son abondance et sa valeur commerciale, a surtout attiré notre attention : c'est le *caoutchouc*. Vous me permettrez donc, Messieurs, de traiter assez longuement ce sujet et de comparer les méthodes d'exploitation et de culture de ces plantes qui produisent la fameuse gomme, en vous donnant mon humble appréciation pour laquelle je sollicite toute votre indulgence.

Le caoutchouc est, je crois, la seule matière première de nature végétale, qui ait donné naissance à une branche industrielle aussi considérable. Il suffit pour s'en convaincre, d'énumérer les applications, chaque jour plus nombreuses, de ce produit.

Avec ce produit, on fabrique :

Des balles pleines ou creuses, des ballons creux, des jouets de toute espèce ;

Des coussins à air de toute forme pour voitures, chaises, fauteuils, lits ordinaires, matelas, collier de sauvetage, des oreillers, etc...

Des fils, des lacets, des tissus, des tricots, des bretelles, des jarretières, des gants, en un mot, tout ce qui fait partie du domaine de la passementerie ;

Des objets de sellerie, des manteaux, des bottes, des souliers, des tuyaux pour gaz et liquides ;

Des soupapes pour baignoires, pour machines à vapeur, machines soufflantes, pompes, des clapets pour les appareils à eaux gazeuses ;

Des tapis qui ont l'avantage d'amortir le bruit des pas et de résister aux influences de l'humidité ;

Des feuilles pour bateaux insubmersibles, les ceintures et autres appareils de sauvetage, des sacs, des tabliers, des gazomètres, etc... ;

Des bandes pour billards, des cordes, des courroies et lanières pour toutes sortes d'usages ;

Des rondelles et tampons pour les locomotives et les wagons de chemins de fer ;

Des rouleaux et des rondelles pour fermeture hermétique des robinets, soupapes, joints des tuyaux ;

Des rouleaux porte-couleurs pour impressions sur étoffes, des rouleaux de pression pour les papeteries, des rouleaux d'encrage pour impressions typographiques et lithographiques ;

Du cuir artificiel pour dordes de chaussures, des effaçoires pour l'encre et le crayon, des meules et des pierres artificielles à aiguiser et polir, etc...

Des coussins hydrostatiques, des bonnets à glace, des matelas hydrostatiques, des lits à eau, des tubes alimentaires, des irrigateurs, des brosses pour frictions sèches, des tissus élastiques pour bas à varices, des pessaires, des sondes, des bandages herniaires, des bandages pour fractures, des membres artificiels et enfin une foule d'autres appareils chirurgicaux.

Enfin, dois-je passer sous silence la grande industrie des tissus imperméables, et celle des pneumatiques pour roues de voitures automobiles et vélocipèdes.

Il est facile de voir par là, que l'industrie du caoutchouc, loin d'avoir dit son dernier mot, semble au contraire entrer dans une voie de prospérité qui ne peut que s'accroître.

Aussi, des Sociétés françaises et étrangères se sont fondées en vue de l'exploitation et même de la culture des lianes à caoutchouc.

Je citerai la *Colonial Rubber Estates*, créée au capital de 100,000 livres sterling, qui a établi son centre d'action dans l'Afrique occidentale ; la Compagnie anglaise *India Rubber of Mexico* qui s'est fondée au capital de 400,000 livres sterling, outre 200,000 livres sterling d'obligations. La Société Nord-Américaine *Mexican Gulf Agricultural Company* qui, constituée d'abord en vue de la culture du caféier, s'est retournée maintenant, avec un capital de 100,000 dollars, vers les cultures de caoutchouc ;

Enfin, d'autres Sociétés analogues se sont fondées à Hambourg et à Anvers.

Les Français ne se sont pas, d'ailleurs, laissé devancer par l'étranger ; ainsi, M. Adam en Casamance, M. Chalot au Congo français et M. Chapette à Madagascar, se sont livrés à la recherche des lianes à caoutchouc et en ont fait l'exploitation.

Pour ce qui nous intéresse, au Laos et en Annam, je citerai l'existence, en diverses régions, de Sociétés nouvellement fondées : la *Laotienne*, le *Comptoir Laotien*, etc., etc. qui, au début, achetaient le caoutchouc aux indigènes, et se sont livrées à l'exploitation.

Après avoir examiné assez rapidement les multiples usages industriels du caoutchouc et énuméré les Sociétés importantes qui se livrent à ce grand commerce d'exportation, voyons s'il existe dans les différentes régions du Laos et de l'Annam, que nous avons parcourues, des végétaux producteurs de cette gomme, et en assez grande quantité pour nous en permettre l'exploitation.

Nous donnerons : 1° Une description assez complète des plantes pour pouvoir les reconnaître, en même temps que l'endroit exact de leur habitat ; 2° Nous indiquerons la valeur du produit que fournit chaque plante, en donnant les différents procédés d'exploitation et de culture qui leur convient ; 3° Nous nous occuperons du rendement. Enfin, nous terminerons par un aperçu sur le commerce du caoutchouc dans le nord de l'Annam et au Laos.

Comme on sait, le caoutchouc existe en suspension dans le suc laiteux de diverses espèces végétales des pays chauds. Ces végétaux sont généralement des arbres ou des grandes lianes. En Indo-Chine, ce ne sont que des lianes.

Dans notre expédition au Laos, en passant par la chaîne annamitique, route de Ha-Trai à Na-Pé, nous avons pu constater l'extrême richesse de cette région en lianes, surtout dans la partie septentrionale de la chaîne annamite qui touche à la province de Cam-Mon (Laos).

Toutes, ou presque toutes ces plantes me paraissent appartenir à la famille des Apocynées, et peuvent se rapporter à deux variétés, l'*Urceola* et la *Willoughbeia*.

L'*Urceola* est la liane *Katang-Katiou* des Laotiens ; la *Willoughbeia* est la liane *Khao-Ngoua* ou *Mak-Kha-Kay*.

Comme caractères botaniques, toutes deux ont des feuilles longues, opposées, à nervures alternes ; les fleurs sont monopétales, le calice est ganosépale à cinq divisions, la corolle monopétale blanche à cinq lobes contournés ; il y a cinq étamines courtes insérées aux parois inférieures du calice. Le fruit est une samare-gousse déhiscente d'un seul côté ; longue, plate chez l'*Urceola*, courte, grosse, s'effilant pour se terminer en pointes contournées (forme de cornes de bœuf), chez la *Willoughbeia*.

Les deux variétés renferment dans ces gousses des grainès petites, plates, pointues, surmontées d'une aigrette blanche à poils soyeux. On trouve ordinairement l'*Urceola*, (Katang-Katiou) à l'ombre d'autres arbres qu'elle enlace, dans des terrains marécageux, dans les savanes épaisses qui croissent aux rives des marais et des ruisseaux. La *Willoughbeia* (Mak-Kah-Kay) serpente dans les taillis épais, dans les vallées profondes, au pied des montagnes.

Le *caoutchouc* de l'*Urceola* est d'un blanc crème, doux. J'ai pu constater qu'il noircissait à l'air et au contact des mains ; celui de la *Willoughbeia* est d'un brun foncé tirant sur le rouge. J'ai trouvé dans la même région, chaîne annamite, route de Ha-Trai à Na-Pé une troisième sorte de liane que je n'ai pu déterminer, n'ayant pas de fleurs. Les Laotiens la nomment *Khua-Mak-Ngam*. L'écorce de cette liane est piquetée à la surface, de petites lenticelles rugueuses ; elle donne à l'incision un latex très blanc qui se coagule rapidement sous l'action de la chaleur solaire.

Les deux premières espèces, l'*Urceola* et la *Willoughbeia* fournissent, à mon avis, un caoutchouc d'excellente qualité. La troisième espèce, au contraire, fournit un caoutchouc de qualité inférieure aux deux autres. Consulter les échantillons que j'ai rapportés.

Je puis signaler la présence de ces trois sortes de lianes dans la province de Mahasay (Laos), que j'ai parcourue pendant quinze jours ; elles se trouvent en grande abondance sur les deux rives de la rivière Nam-Ton.

Elles existent aussi dans le territoire de la province de *Dong-Hoi* (Quang-Binh), dans les cantons de Minh-Cam, Hatrai et Qui-Dat (Annam).

Enfin, ces lianes croissent sur les sommets, dans les forêts de la province de Ha-Tinh (Annam).

Telles sont les régions explorées par nous, qui nous ont paru excessivement riches en lianes et jugées dignes d'être exploitées. Nous avons d'ailleurs, le capitaine Gosselin et moi, délimité certaines régions, et avons adressé aux différents résidents de ces provinces, des demandes de concessions, afin de pouvoir avoir la priorité sur les autres colons qui pourraient parcourir ces contrées. Ces concessions sont les suivantes :

1° Une bande de terrain de 20 kilomètres de largeur, longeant la frontière du Laos et de l'Annam, au nord de la route de Ha-Trai à Na-Pé, entre cette route même et le cours de la rivière Song-Giang;

2° Une bande de terrain de même dimension, longeant également la frontière de l'Annam et du Laos, au Sud de la route de Ha-Trai à Na-Pé, entre cette route même et le cours de la rivière Ngan-Pho.

Ces deux concessions dépendent du résident de la province de Ha-Tinh.

3° Un périmètre, dans la province de Quang-Binh délimité de la façon suivante : ?

A l'Ouest, par le cours du Song-Gioi, affluent de gauche du haut Song-Giang, depuis son confluent à Nga-Hai, jusqu'à Loua ;

Au Nord-Ouest, par le chemin de Qoua à Khé-Net, en passant par Quat, Thanh-Lang et Da-Nen ;

Au Nord-Est, par le cours du Song-Giang lui-même, depuis Khé-Net jusqu'à Minh-Cam ;

Au Sud, par le chemin de Minh-Cam à Nga-Hai, en passant par Ha-Trang et Qui-Dat ;

4° Une bande de terrain de cinq kilomètres de largeur, sur chaque rive du Nam-Ton, depuis sa source jusqu'au coude de Kon-Loi. Les vallées des affluents de droite du Nam-Ton, entre les deux points décrits ci-dessus. Cette concession dépend, avec la dernière que je vais nommer, du Commissaire du Gouvernement de la province de Cam-Mon au Laos ;

5° Une bande de terrain située au Sud de la route de Na-Pé à Ha-Trai, ayant pour grand côté la ligne de partage des eaux, frontière du Laos et de l'Annam, sur une longueur de *cent kilomètres*, et pour petit côté, la route de Na-Pé à Ha-Trai, sur une largeur de trente kilomètres, prise à partir de la frontière annamite.

Nous estimons leur étendue à une superficie d'au moins 500.000 hectares. Toutes ces concessions sont en communication avec Vinh, par un chemin muletier assez facile à parcourir. Les transports à dos de mulet seront commodes et assez rapides. Consulter, pour ces diverses concessions, la carte d'état-major de Vinh.

Après avoir fait connaisance avec ces plantes et avoir examiné les régions où elles existent en grande quantité, voyons un peu ce qu'elles valent, et la façon qui conviendrait le mieux à leur bonne exploitation et à leur culture.

L'exploitation du caoutchouc semble devoir se développer avec une grande intensité dans l'Annam supérieur (région d'Ha-Tinh), et dans certaines provinces du Laos (Cam-Mon).

Les indigènes, occupés d'abord à l'exploitation d'autres produits inférieurs, se sont tournés maintenant vers l'exploitation du caoutchouc.

Deux méthodes sont employées par les Laotiens pour obtenir le latex :

1° L'abatage des lianes ;
2° La saignée par incision.

La première méthode consiste à couper les lianes par le pied, à les diviser en tronçons et à saigner ceux-ci par place de 15 à 20 centimètres de longueur, puis, ils recueillent le latex avec un racloir. Il est certain que le latex ainsi obtenu, contient une assez grande quantité de bois ou d'écorce qui se trouvera dans le caoutchouc. Néanmoins, si l'on veut obtenir tout le caoutchouc d'une liane, il faut hacher, massacrer l'écorce de cette liane ; il lui reste alors bien peu d'espoir de vivre encore après cette opération. Tel est mon avis. Voyons ce que dit M. Capus, Directeur du Commerce et de l'Agriculture en Indo-Chine, sur cette méthode d'exploitation :

« Je ne crois pas toutefois qu'il y ait lieu de redouter extrêmement le danger de la méthode barbare d'exploitation actuelle, pourvu qu'elle soit radicale. Cette appréciation, en apparence paradoxale, se justifie. Si l'indigène, d'un coup de coupe-coupe (couteau laotien) abat la liane, il est préférable qu'il la coupe à ras du sol. J'imagine qu'il ne se contente pas de recueillir seulement le latex qui s'écoule de la section ainsi faite, mais qu'en découpant la liane en sections convenablement rapprochées, il récolte la majeure partie du latex contenu à ce moment dans toute la longueur de la tige. Cette quantité est certainement supérieure à la quantité qui s'écoulerait par l'incision qu'il aurait pratiquée sans compromettre la vie du végétal. Or, du pied de la liane abattue, jaillissent de nouveaux rejetons qu'il s'agira désormais de protéger d'une destruction trop hâtive pour avoir, au bout du nombre d'années nécessaires, de nouveaux sujets pouvant être frappés. »

Il est bien de toute évidence qu'avec le système du broyage des écorces, tout le caoutchouc en serait exprimé ; mais il ne faut pas penser seulement à extraire en une seule fois beaucoup de caoutchouc ; il faut assurer la conservation des lianes. La seconde méthode par incision répondrait à la question.

Elle consiste à pratiquer des saignées sur la liane à l'aide de coupe-coupe, et à en recueillir le latex, soit en essuyant la plaie, soit en recueillant le latex dans des godets ; je pense, pour moi, que cette méthode est la seule rationnelle, car, de cette façon, on ne détruit pas la liane, et de plus, on a un produit qui m'a paru absolument pur et de qualité supérieure. « Echantillons en boule récoltés par cette méthode. »

Les Laotiens activent la coagulation du latex par la chaleur. J'ai essayé moi-même la coagulation par les acides organiques que renferment en abondance divers sucs végétaux ; j'ai employé le jus de citron qui m'a réussi parfaitement et m'a donné un caoutchouc qui n'a nullement souffert par le voyage et est arrivé en France sans aucune altération. « Echantillon couleur rouge très nerveux. »

Le fait de cette exploitation fiévreuse, à la mode indigène, empirant chaque jour, les lianes disparaissent ; il faut donc examiner ce que l'on peut faire pour développer en Annam et au Laos, la culture des plantes à caoutchouc. Nous pouvons disposer à cet effet d'un moyen ; c'est de mettre à profit les espèces indigènes, de façon à pouvoir les propager, soit en faisant des semis de graines, soit par bouturage. Cette seconde façon de reproduction, le bouturage, est très facile et réussit à merveille. On procède de la façon suivante :

On coupe une extrémité de branche de taille moyenne, et on la plante dans la terre humide et ombragée, en n'importe quelle saison, mais la saison des pluies est préférable : elle pousse plus vite ; je puis même dire que la plante reproduite par bouturage est en avance de plus d'un an sur la plante venue par graine. On ne peut, de cette façon, qu'enrichir une concession. D'ailleurs, un arrêté du Gouverneur Général de l'Indo-Chine, portant réglementation des lianes à caoutchouc en périmètre réservé, dit :

Art. 7. — Tout colon ou indigène peut obtenir l'autorisation de l'exploitation exclusive dans une zone forestière réservée et limitée, « à condition de compenser l'exploitation d'espèces à « caoutchouc, que ce périmètre renferme, par des travaux de « mise en valeur et de repeuplement progressif de la zone « réservée » ;

Art. 9. — La mise en valeur sera déterminée par le repeuplement progressif du terrain sur la base de la plantation de lianes ou arbres à caoutchouc, à raison de « 100 à 150 pieds marcottes « ou boutures par hectares », estimés bien venant à la deuxième année du repiquage ou de la reprise des multipliants.

Telles sont, Messieurs, les différentes façons que les indigènes emploient pour l'extraction du latex des lianes. A mon avis, les deux méthodes de l'incision et de l'abatage sont bonnes, à condition toutefois, pour la seconde, que la section complète des lianes ne compromette pas la vitalité de la plante et pour cela, il faut que des bourgeons soient ménagés au-dessous du niveau de la section.

Occupons-nous, maintenant, de la quantité de latex, et par suite, de caoutchouc que les lianes peuvent produire ; en un mot, étudions le rendement d'une liane ; nous en déduirons, par la suite, le rendement d'une concession.

Je dois dire d'abord, d'après les renseignements que j'ai pu recueillir au Laos, que la récolte du latex se fait deux fois par an :

1° En juin et juillet ;

2° En octobre et novembre.

La première récolte ne donne que du caoutchouc noir et poisseux ; la seconde, de moitié moins abondante, donne un caoutchouc clair, nerveux, sec et élastique.

La production moyenne d'une liane (expérimentée sur la liane Khao-ngoua) varie évidemment suivant sa grosseur et son âge.

En juin-juillet, elle donne de 115 à 300 grammes de caoutchouc sec ;

En octobre-novembre, 60 à 200 grammes.

En expérimentant moi-même sur une liane, j'ai pu voir que 125 centilitres de latex que j'avais récolté sur la tige, par incision, n'ont donné, après coagulation à l'acide citrique, que 42 grammes de caoutchouc ; un litre donnerait environ 340 grammes. M. Marcey, qui s'est occupé longtemps de la question du caoutchouc, évalue la production moyenne annuelle de chaque liane adulte, à 200 grammes de caoutchouc.

Pour qu'une liane entre en production, il faut compter 7 à 8 ans.

Cette production moyenne de 200 grammes par an est obtenue en récoltant le latex par incision, mais lorsqu'on a recours à l'abatage des lianes, le latex ne peut pas s'écouler entièrement, et il est démontré que les tronçons de ces lianes sont très imparfaitement épuisés ; il a été reconnu, d'ailleurs, par des expériences que ces tronçons de lianes renfermaient autant de latex qu'il en avait été extrait par les saignées. Il faut donc tirer parti de ces écorces et en extraire toute la gomme qu'elles pourraient contenir. On emploie alors, dans ce cas, le pilonnage des écorces. Une personne beaucoup plus autorisée que moi dans cette matière, M. Gaillard, commissaire du Gouvernement à Khong (Laos) a traité par une série de pilonnages, par le pilon indigène ordinaire et des lavages successifs à l'eau froide des écorces de lianes à caoutchouc. Il a obtenu un produit commercial coté par diverses maisons de

Saïgon entre 4 fr. 50 et 5 fr. 50 le kilog. Le rendement a été de 5 kilogrammes de caoutchouc par 100 kilog. d'écorces.

Cette expérience de M. Gaillard a été renouvelée par la direction de l'Agriculture et du Commerce de l'Indo-Chine.

Voici les résultats obtenus d'après le rapport de M. Achard, directeur par intérim de l'Agriculture en Cochinchine. Les écorces provenaient des lianes de l'Annam.

Les rendements ont varié entre 0,95 et 5,9 % suivant les espèces.

L'imperfection de l'outillage avec lequel on pilonnait les écorces, a fait que le caoutchouc obtenu contenait encore quelques parcelles de bois.

Dois-je enfin signaler les résultats de M. le Dr Heim, directeur du laboratoire de l'*Office National du Commerce extérieur* sur des échantillons envoyés de Khong. Dans son rapport, M. Heim dit que, ayant soumis à l'appréciation de plusieurs courtiers autorisés, certains échantillons de caoutchouc du Laos, ces échantillons ont été cotés 7 fr. 50 à 8 fr. 50 le kilog.

En comparant du caoutchouc extrait d'une liane par coagulation du latex et celui extrait par pilonnage de l'écorce sèche, M. Heim est arrivé aux résultats suivants :

Le caoutchouc extrait par pilonnage de l'écorce, donne 93,5 % de caoutchouc proprement dit.

Le caoutchouc extrait par coagulation du latex donne 82,78 % de caoutchouc proprement dit.

On voit par là, que le procédé d'extraction par pilonnage de l'écorce ne donne pas un rendement très supérieur à celui donné par l'extraction de la saignée de la liane. Je ne voudrais pas laisser passer sous silence les expériences qui ont été faites au laboratoire de l'*Institut Colonial* de Marseille, par l'inventeur lui-même du procédé, M. Deiss. Ces expériences ont été faites sous les yeux de M. le Dr Heckel, directeur de l'*Institut Colonial* dont j'ai l'honneur de faire partie. Ce procédé fort simple, consiste à traiter l'écorce des lianes, seules parties pourvues de caoutchouc, par l'acide sulfurique à 50 %. Diverses maisons d'industrie de caoutchouc ont proclamé l'excellence du produit en le déclarant, sans connaître l'origine, de toute première qualité.

On voit par ces différentes analyses, que l'Indo-Chine possède des lianes dont le *rendement est rémunérateur*.

J'ai dit précédemment, en énumérant les différentes concessions demandées, que leur étendue s'élevait à une superficie d'au moins 500.000 hectares. J'ai voulu me rendre compte de visu, du *nombre de pieds de lianes* qu'il pouvait y avoir par hectare. J'ai parcouru deux concessions successives et j'y ai compté jusqu'à 100 à 120 pieds de *lianes par hectare*. (Ces lianes, bien entendu, étant adultes et par conséquent exploitables.)

Je serais d'avis, pour exploiter ces différentes concessions de les partager par petites concessions de 100.000 hectares, car il me semblerait bien difficile de pouvoir trouver suffisamment de main-d'œuvre pour exploiter et mettre en culture de 500 à 600.000 hectares de terrains.

Chaque année on pourrait exploiter et mettre en culture 100.000 hectares, qui produiraient à peu près 2.000 tonnes. Il est évident qu'il faudrait, pour produire cette énorme quantité par an, une main-d'œuvre assez considérable.

D'après les chiffres que m'a donnés le capitaine Gosselin, pour les dépenses de chaque équipe, de chaque chef de section, de dépenses pour les miliciens garde forestiers muletiers et mulets et les frais de transport et d'emballage pour les différentes concessions établies par lui, le kilogramme de caoutchouc reviendrait net à 2 fr. 50.

Si nous consultons les statistiques douanières, nous constaterons que l'exploitation du caoutchouc de l'Indo-Chine a pris un développement considérable et s'est élevée à 79.150 kilog. pour le premier trimestre de 1900, alors qu'en 1899 elle n'avait été que de 51.000 kilogs environ pour l'année entière. Si l'on passe d'autre part aux valeurs représentées par ces sorties, les 79.150 klogs exportés, sont estimés par la douane à 264.906 fr.

Il faut ajouter qu'une bonne partie de ce caoutchouc vient en réalité du Laos et de l'Annam.

L'exportation pour l'année entière de 1900 a atteint le chiffre de 339.400 kilogs. Le prix de vente par les indigènes au Laos, dans les premiers mois de 1900, a été d'*une piastre le kilog.* (la piastre valant deux francs cinquante). Ce prix raisonnable laissait une ample marge de bénéfices aux exportateurs, mais par suite de la concurrence de plus en plus active, les prix se sont élevés ; ainsi d'après un rapport de M. le résident supérieur, au Laos, le prix du caoutchouc est actuellement de *166 piastres 60 les 100 kilogs*, c'est-à-dire *4 fr. 16 le kilog ;* enfin, j'ai pu constater moi-même, à mon passage à Hanoï (Tonkin), et à Vinh (Annam), les prix tout-à-fait anormaux que le caoutchouc avait atteint : 5 fr. 40 le kilog. Il est certain que ces prix en ajoutant le fret, les transbordements et manipulations, l'assurance et les pertes de poids en route ne donnent que de faibles bénéfices à l'exportation. Aujourd'hui il n'est donc plus possible d'acheter comme au début du caoutchouc ; il faut exploiter des concessions pour avoir des bénéfices réels.

Dans la suite de notre voyage, outre le caoutchouc, nous avons rencontré d'autres richesses forestières ; je citerai dans la province de Dong-Hoï (Annam) la présence de bois de rose, (le hue-moc) et du bois de santal, (ou dang-nuong). On trouve aussi en petites quantités l'ébène. Le bois de santal est d'un jaune clair, son odeur forte, agréable, est due à une essence. Il sert en Annam, à confectionner des coffrets. Le rendement en essence de ce bois, le *santal* (d'après l'analyse faite par l'*Office national de Commerce extérieur*) est assez élevé ; cette essence est, de plus, de bonne qualité, susceptible d'emploi, à coup sûr, en parfumerie, peut-être même en pharmacie. Le bois pourrait être même utilisé par les usines françaises qui s'occupent de la fabrication des éventails en bois de santal.

Le bois de rose existe en aussi grande quantité et sert aux mêmes usages.

Il existe enfin dans le Laos septentrional, le *May-Sa* (teck) ; il se rencontre en peu de points d'ailleurs, sur la rive gauche, tandis qu'au contraire il est très nombreux sur la rive droite. Un colon français, M. Lussan, s'est occupé de l'exploitation du bois de teck. Ces billes de teck pourraient être amenées par le flottage jusqu'à Saïgon. D'après des indications, M. Lussan aurait acheté son teck 7 piastres le mètre cube à Xieng-Khong (7 piastres = 17 fr. 50) ; tandis qu'à Bank-Kok, capitale du Siam, il valait au mois d'octobre dernier, 82 à 86 piastres, c'est-à-dire 205 à 215 francs le mètre cube. Il y a donc là une industrie très avantageuse. Dois-je enfin citer comme autres produits : le *Cardamome* qui pousse en très grande quantité au Laos ; ce Cardamome est tout entier dirigé sur le Cambodge ; il vaut, pris à Kong (Laos), 20 à 25 piastres (50 à 52 francs) le picul (62 kilog.). Le prix moyen de vente à Pnom-Penh (capitale du Cambodge) varie entre 30 et 35 piastres (75 et 85 francs).

Enfin, l'arbre à *Benjoin* existe dans la vallée du Nam-Hou ; la totalité de la récolte est exportée à Bang-Kok.

Après avoir énuméré ces produits forestiers de second ordre, il me reste à donner une conclusion à mon rapport.

Mon rapport tend à établir :

1° Qu'il existe au Laos et en Annam des richesses forestières considérables ; parmi ces richesses, le caoutchouc est en plus grande quantité que les autres. Ces richesses sont à peine exploitées encore ;

2° Que nous devons assurer, d'une part, l'exploitation rationnelle des lianes, et, d'autre part, la multiplication par les procédés de culture.

Il appartient donc aux colons qui ont l'intention d'apporter en Indo-Chine des capitaux d'exploitation sérieux, de profiter de cette source de richesses trop longtemps délaissée.

G. QUINTARET.

www.ingramcontent.com/pod-product-compliance
Lightning Source LLC
LaVergne TN
LVHW050501160826
845677LV00003B/873